El arte como alquimia

Una mirada al interior del proceso de transformación

Veronica C. Wanchena

(Gabriel Orion Marie)

Todos los derechos reservados. Ninguna parte de esta publicación puede ser reproducida, almacenada, transmitida o difundida de cualquier forma o por cualquier medio sin el permiso previo por escrito de Veronica C. Wanchena, también conocida como Gabriel Orion Marie.

ISBN: 978-1629672960

Para Catherine Marin y Christine Muraski

Estas extraordinarias mujeres son dos de mis sobrinas. Ellas contribuyeron de manera muy directa a este libro, al participar en la creación de su versión original como una presentación que impartí ante profesionales y estudiantes del campo de la Arte Terapia.

Les dedico *El arte como alquimia* con inmensa gratitud por el apoyo incondicional que me dan mientras comparto abiertamente mi historia y mi mensaje con el mundo.

Las amo tanto como sé amar.

Table of Contents

Presentación 7
Objetivo 9
Una mirada al interior: Testigo de la historia 13
    Niña en la ventana 14
    Muerte por $5 16
    Agujeros 18
    Apresada 20
    Segreto Oscuro (Secreto oscuro) 22
    Etapas de la carga 24
    A solas 26

El arte como alquimia: Testigo del fuego 29
    Sumergirse en el abismo 30
    Sobrecarga sensorial 32
    Sentidos comatosos 34
    En carne viva 36
    Niño derribado 38
    Niña en el pozo 40
    Desatadlo 42

Transformación: Testigo y espejo del oro 45
    Consideración 46
    Extiende tu mano 48
    Ave María 50
    Arcángel Gabriel 52
    Niño(a) Triunfante 54
    El observador 56
    Autorretrato de un alma 58

Acerca de la autora 61

Presentación

A modo de prólogo, solo quiero incluir una biografía muy breve... Fui abusada sexualmente y torturada física y psicológicamente a lo largo de mi infancia. Fui utilizada en pornografía infantil y vendida como prostituta infantil durante alrededor de 4 años. Esos años de terror y violencia continuos destrozaron mi psique. El precio de mi supervivencia fue la locura. El abuso acribilló mi cuerpo con enfermedades de transmisión sexual y lo infló con capas de células de grasa llenas de angustia.

También desencadenó en mi alma hasta la última partícula posible de valentía, tenacidad y deseo de sobrevivir.

Mi padre, que fue mi principal abusador, murió cuando yo tenía 16 años de edad.

A los 18 años, huí a Canadá y me uní a un grupo religioso similar a una comuna en muchos sentidos. Ahí, me escondí y sobreviví, me tropecé y me esforcé. A pesar de que en ese lugar también había profundas disfunciones y abusos, me mantuvo con vida. El miedo a la condenación y una atracción hacia el suicidio me perseguían sin descanso. Logré vivir lo que a la mayoría de la gente le parecía una vida muy intensa y plagada de ansiedad, pero nadie conocía realmente la complejidad de lo que llevaba dentro de mí.

Después de 24 años en el grupo, sufrí una agresión horrible y violenta de parte de otro miembro del grupo en estado de ebriedad, la cual derrumbó la tambaleante estructura psíquica que había construido con el paso de los años. Debido a esa agresión, junto con el hecho de que una de mis enfermedades de transmisión sexual salió de remisión y me dejó mortalmente enferma, quedé reducida a un bulto congelado de humanidad destrozada.

En consecuencia, la comunidad tuvo que pagar para que yo recibiera ayuda profesional como una clase de servicio para las víctimas. Con la orientación de un amigo sensato y bondadoso que no pertenecía a la comunidad y que creía en mí, logré encontrar un terapeuta en el que podría confiar. El Dr. A. era un psicólogo sabio y experimentado que trabajaba en Canadá, donde yo vivía en ese momento. Yo estaba tan traumatizada y sufría tal grado de trastorno por estrés postraumático (TEPT) y trastorno de identidad disociativo (TID) que prácticamente me resultaba imposible hablar. Incluso cuando sí hablaba, sentía que mis palabras eran huecas y superficiales. Eso me resultaba muy frustrante, ya que lo que más necesitaba era alguien que compartiera lo que yo sabía, que me acompañara como testigo en retrospectiva de lo que me sucedió y del efecto que tuvo en mí. Necesitaba a alguien que me ayudara a encontrar el camino para salir de mi abismo y llegar al aquí y el ahora, donde podría crear una vida nueva.

Él no era un terapeuta del arte. Sin embargo, después de un par de meses de terapia, un día me preguntó si me parecía posible tratar de dibujar o pintar lo que sentía y recordaba, ya que me estaba costando tanto trabajo expresarme con palabras. Mi absoluta desesperación me llevó a intentar… y lo que empezó a salir de mí a borbotones fue un torrente de dibujos y pinturas que me proporcionaron una catarsis inesperada y emocionante que nunca soñé posible.

Narré este viaje terapéutico en mis tres libros: *Esta casa blanca* (*This White House*), *Recuperando la cordura* (*Going Sane*) y *Un amanecer espectacular* (*A Spectacular Dawn*).

Objetivo

Lo que quiero compartir aquí es una parte de mi experiencia, tanto del abuso como de la manera en que el uso del arte y la relación terapéutica fueron mis principales medios de sanación y recuperación. A lo largo de este libro, me referiré a los elementos fundamentales de la relación terapéutica que me resultaron más eficaces y útiles.

Básicamente, los guiaré a través de una versión muy reducida de mi viaje con el Dr. A.

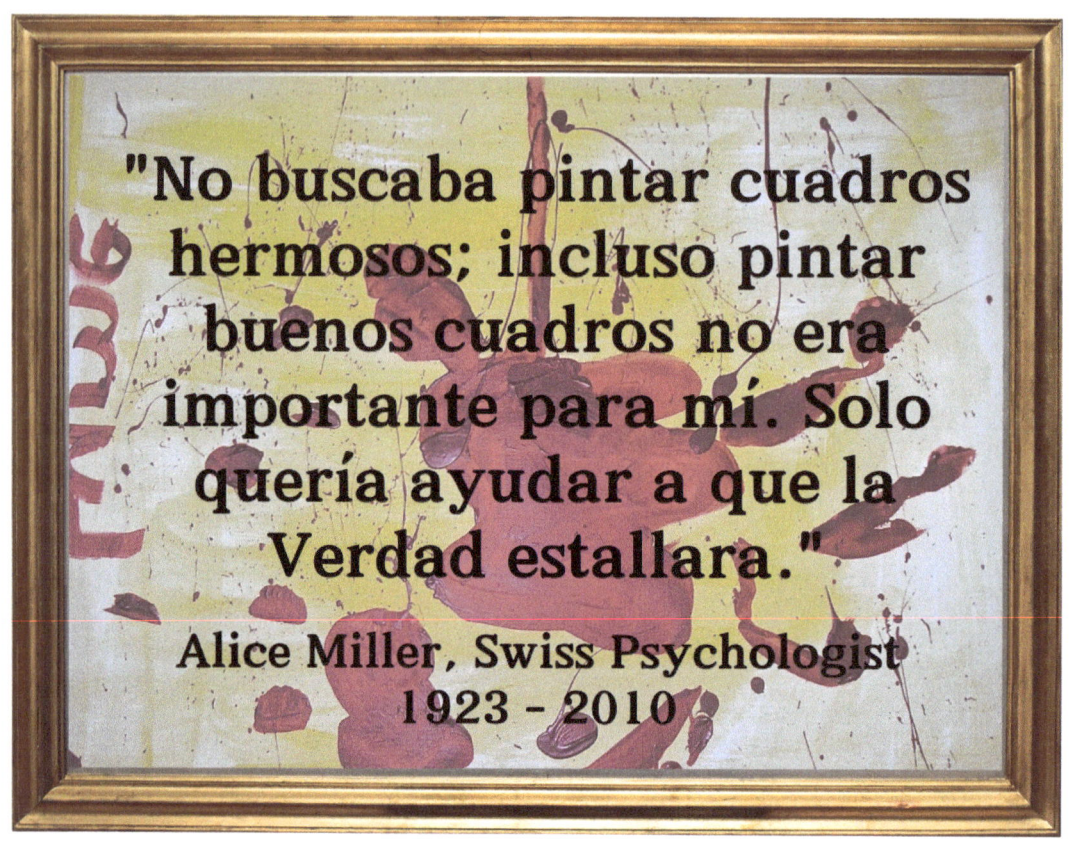

Estas palabras de Alice Miller reflejan mis propias intenciones al pintar mi historia.

"Gracias, Gabriel Orion Marie, por tu carta y tu confianza. Tú encontraste el valor para enfrentar tu historia y tienes la fortuna de hacerlo con un testigo ilustrado. Aunque haya mucho sufrimiento en este camino, tú ya no estás en peligro porque ahora SABES lo que sucedió y QUIERES saberlo. Te deseo lo mejor y espero que mis libros y mis pinturas te ayuden a soportar la verdad y a CREER en lo que te están diciendo tus pinturas."

~ Alice Miller (de nuestra correspondencia personal, 2006)

Una mirada al interior: Testigo de la historia

Niña en la ventana

En mi mente, en mi alma, en mi cuerpo, residía la niña violada y torturada que yo fui. Aparecía en las ventanas de mi mente y mis sentimientos, con un deseo desesperado de ser rescatada y reconfortada.

Yo necesitaba un terapeuta que conociera y creyera en la gravedad de la situación.

Muerte por $5

La niña que fui había sido vendida como prostituta infantil cientos de veces. Ahora, cada transacción monetaria, cada clase de intercambio entre mi persona y cualquier desconocido en cualquier lugar, traía su muerte a la superficie de mi vida, con todas las sensaciones de traición, captura, invasión y deshonra.

Yo necesitaba una relación sin deudas, simplemente terapia pura y llana. El Dr. A. estaba ahí para mi beneficio. Y punto. Yo no estaba ahí para el suyo.

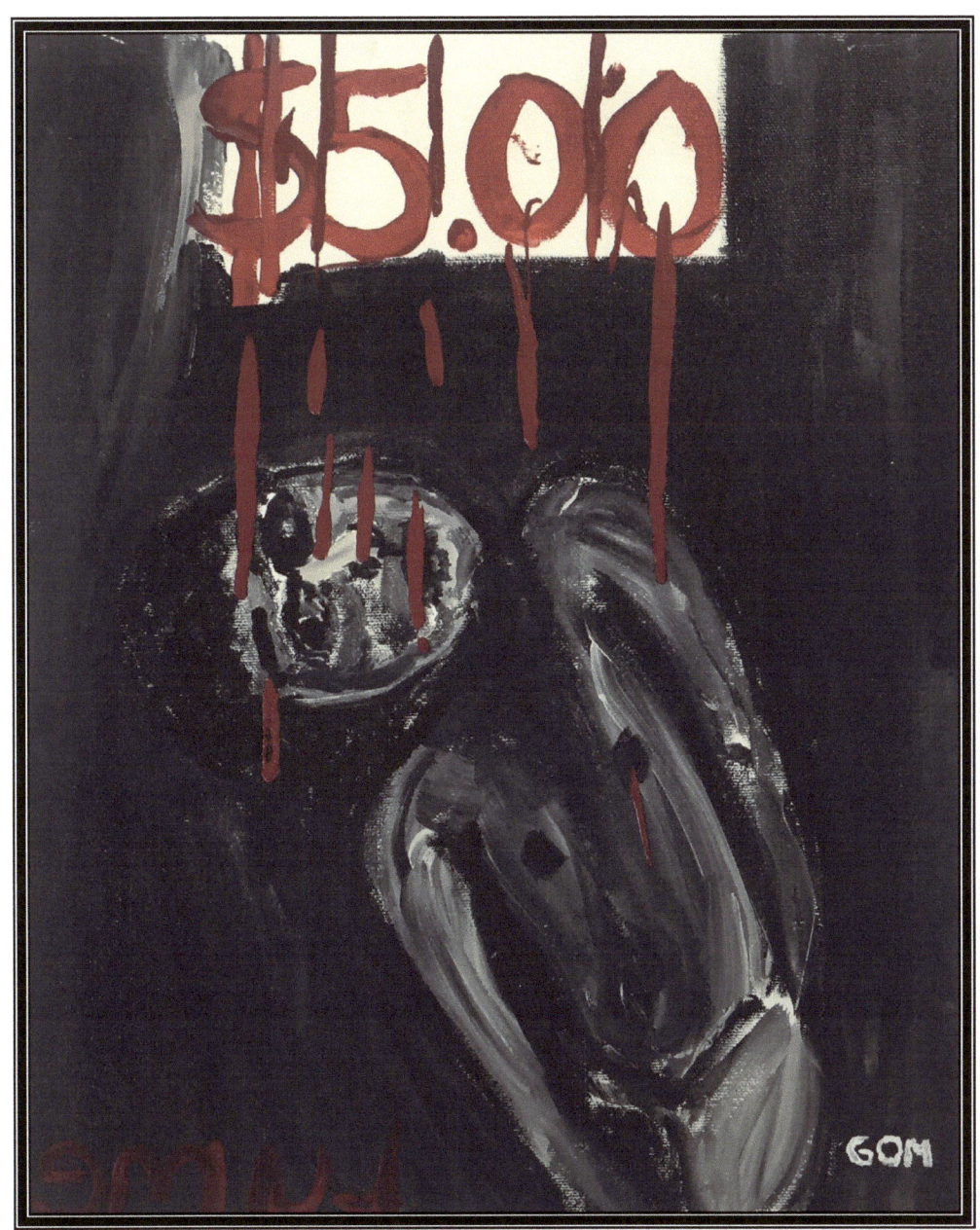

Agujeros

Fui violada miles y miles de veces a lo largo de mi infancia y niñez. Esto dejó agujeros enormes, expuestos, en mi sentido de ser, en mi psique, en mi corazón. La repetida invasión de la violación me perforó y creó agujeros que me hicieron incapaz de contener o retener cualquier cosa, excepto los *agujeros* en sí.

El vínculo terapéutico se convirtió en la primera capa de curación de estos agujeros, porque fue la primera relación a partir de la cual finalmente fui capaz de confiar y recibir.

APRESADA

La totalidad de mi ser, mi cuerpo, mi alma y mi espíritu estaba contraída a causa de un terror indescriptible. Mi padre me empujaba contra la pared, y me violaba desde todos los ángulos. Años más tarde, me haría falta una cantidad enorme de confianza y asesoramiento para aprender a respirar de nuevo.

Necesité paciencia, amabilidad y constancia prolongadas y continuas de parte del Dr. A. para poder siquiera comenzar a dejar que cualquier parte de mi cuerpo o mi mente se relajara, incluso durante periodos breves.

Segreto Oscuro

(Secreto oscuro)

Los Secretos Oscuros fueron las sesiones de tortura y lavado de cerebro que ocurrieron en el garaje o en las habitaciones de hotel. Ya las describí con detalle en mis libros.

Con el fin de proporcionar el entorno de seguridad más confiable, en el que pudiera revelar los Secretos Más Oscuros de la tortura y el lavado de cerebro, yo necesitaba saber que el Dr. A. era fuerte, que estaba a salvo dentro de sí mismo y que mi historia no le causaría daño. Ahora que había encontrado a un terapeuta y había comenzado a confiar en él, el mayor peligro era que mi historia lo envenenara, le causara daño. Esa era una amenaza que me habían dejado mis torturadores. Muchas víctimas temen que su dolor dañe, manche o envenene a las mismas personas a las que tienen que comunicarlo.

ETAPAS DE LA CARGA

Cuando llegué al consultorio del Dr. A. por primera vez, tenía 44 años de edad. La última agresión me había derrumbado. Pero necesitaba procesar todas las etapas de la carga con él.

Eso requirió que el Dr. A. y yo nos comprometiéramos a no dejar ninguna piedra sin mover y a que yo seguiría recibiendo terapia durante todo el tiempo que fuera necesario. Yo sabía que no iba a sobrevivir a menos que consiguiera una sanación profunda, completa. Controlar los síntomas ya no sería suficiente.

A SOLAS

Mi historia únicamente me sucedió a mí. La experimenté completamente sola y, aunque necesitaba que el Dr. A. fuera Testigo de mi relato, de mi experiencia de revivirla, se trataba de *mi* historia. La única manera en la que podría obtener la libertad y la sanación que deseaba era apropiándome de toda esa historia y reivindicándola como mía.

Necesitaba que el Dr. A. no resolviera sus asuntos a través de mi historia, al menos no en mi presencia. Él sostuvo continuamente el espejo de la verdad, el cual mostraba que mi vida solamente me sucedió a mí. Reafirmó que este era un viaje solitario, al tiempo que permaneció fielmente como mi Testigo personal.

El arte como alquimia: Testigo del fuego

Sumergirse en el abismo

El proceso de sanación requirió que me sumergiera en el abismo de mis heridas, para llevar todo hacia la luz y el aire para que sanara.

Solamente pude sumergirme una vez que establecí una base de confianza en la relación terapéutica. Puse a prueba la fiabilidad del Dr. A. en repetidas ocasiones, particularmente durante los primeros años en los que trabajamos juntos y esa, también, fue una parte necesaria del proceso. Confiar en el Dr. A. y sumergirme a fondo se vinculaban estrechamente.

Sobrecarga sensorial

En el abismo de las heridas que me encontré, volví a experimentar y traje a la superficie las sensaciones reprimidas y suprimidas de mis años de violencia y tortura físicas, emocionales y psicológicas.

Esto fue absolutamente necesario. Necesitaba que el Dr. A. no mitigara, no me tranquilizara, no retrocediera ante lo que yo sacara a la superficie. Lo necesitaba como testigo ante el fuego de mi angustia; necesitaba que me animara a sentir y acoger hasta la última gota, sin que él expresara muchas emociones por su cuenta. Él sabía que para sanar yo tenía que reivindicarlo todo, para después poder liberarlo.

Sentidos comatosos

Entre muchas sesiones, entre muchas capas de mi trabajo interior, había un estado de coma... en el que me sentía anestesiada y muy, muy lejos. Esta sensación de estar en coma fue la consecuencia de años de sobrecarga sensorial. Alterné continuamente entre la sobrecarga y el estado de coma durante mi niñez, y de nuevo durante el proceso terapéutico.

Necesitaba admitir esta experiencia de insensibilidad de la misma manera en que necesitaba admitir las sensaciones. La ausencia de sensación en sí es una herida profunda. El hecho de que el Dr. A. me aceptara, sin importar la condición en la que yo estuviera, me sirvió como reflejo de la clase de autoaceptación que necesitaba para perseverar en el proceso y encontrar la verdadera sanación.

En carne viva

Así me sentía a menudo durante mis años en terapia. Completa, emocional y físicamente desprotegida, al extremo en que el detonante más ligero literalmente lanzaba ondas de dolor intenso a través de mi cuerpo y mi mente.

Necesitaba que el Dr. A. respetara mis límites en todos los sentidos y en todo momento. Necesitaba saber que estando tan vulnerable en su presencia encontraría compasión y un espacio emocional respetuoso. Necesitaba que él siempre me permitiera marcar el ritmo, según mi nivel de vulnerabilidad pura de cada día, cada semana.

NIÑO DERRIBADO

Mi padre me obligó a *ser un niño* para él, cuando él lo pidiera. Este abuso sádico y de lavado de cerebro me llevó a una profunda locura. Aprendí a crear muchos personajes a través de los años para satisfacer sus exigencias. Me derribó en mi interior y con frecuencia perdía todo sentido de la realidad respecto a mi propio género, edad y orientación en el tiempo y el espacio.

Necesitaba que el Dr. A. fuera impasible y permaneciera inmóvil mientras yo pintaba y procesaba en voz alta las heridas y los horrores de la tortura embebidos en la cuestión de género. Él tuvo que aceptarme, como fuera que me presentara en cada sesión, hasta que, a través del fuego, me fundí y descubrí que todo era Yo.

NIÑA EN EL POZO

Una parte de mí se volvió muy sabia y muy profunda, a una edad muy temprana. Esta pintura reveló la parte de mí que dudaba del proceso terapéutico, dudaba del Dr. A. Ella lo cuestionaba y lo retaba con frecuencia. Tenía un alma vieja, pero un corazón infantil.

El Dr. A. me dejó desafiarlo, aunque en todos nuestros intercambios teníamos reglas básicas y sencillas de respeto. Cada sesión tenía la obligación de darle mi palabra, el compromiso único de no hacerme daño a mí misma ni a nadie más.

Desatadlo

En las profundidades de mi corazón, una parte de mí estaba encarcelada, encadenada, desesperada. Me habían vuelto loca y no sabía quién era yo, hombre o mujer, niña o adulto.

Para mi sanación, fue necesario que experimentara este lugar cargado de aflicción, y mediante mi propia aceptación de todo lo que me ataba, las cadenas se fundieron poco a poco en el fuego de mi viaje. Necesitaba que el Dr. A. fuera testigo de la prisión y las cadenas, pero que dejara que mi propio conocimiento interno me liberara, para no convertirme en la víctima de un milagro, dependiente aún de alguna fuerza exterior para mi rescate.

Transformación:
Testigo y espejo del oro

Consideración

Una noche, tras varios años recibiendo terapia, tuve un momento de consideración profunda, un momento objetivo de descubrimiento, una vista panorámica de lo que estaba haciendo en la terapia. Vi la valentía y el esfuerzo fenomenales que me exigía este exhaustivo proceso de sanación y supe que apenas había recorrido más o menos un tercio del camino... Tuve que considerar si podía continuar.

A lo largo de los años, necesité que el Dr. A. presenciara, en silencio pero con constancia, la capacidad que estaba exhibiendo durante todo el proceso, como una forma de aliento. El hecho de que no dudara de mi capacidad de recuperación ni una sola vez, de que no necesitara analizar si yo tenía lo que hacía falta para lograrlo, fue vital para mí.

Extiende tu mano

En el Evangelio según Mateo, Jesús le dice al hombre que tiene una mano paralizada: "Extiende tu mano". Le pide al hombre que haga precisamente lo que no puede hacer y al hacer lo que no puede hacer, su mano queda sanada. Esto es lo que me exigió gran parte de mi trabajo interno: hacer lo que no podía hacer.

Cuando el proceso de sanación me pedía cordura y valor, usualmente era cuando las enfermedades mentales más me abrumaban y cuando enloquecía de terror. Con el apoyo constante de mi testigo ilustrado, poco a poco fui haciendo cada vez más de eso que no podía hacer. Esa es la sanación.

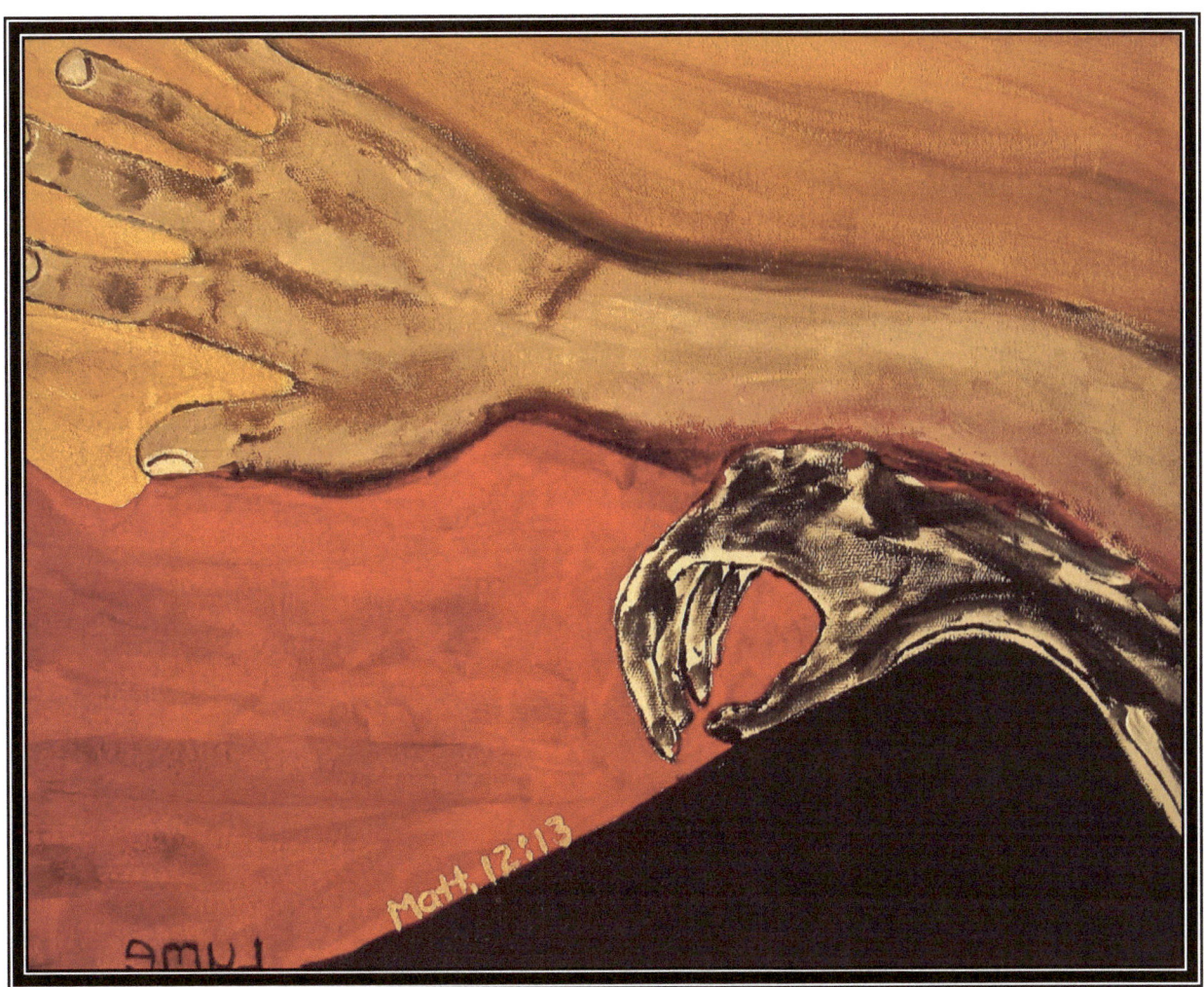

Ave María

Esta es una escena de la Pasión de Cristo que hice mía. En cierto momento descubrí a la Madre que soy para la Hija que hay en mí y que sufrió de una manera inocente y terrible. Un piso de cemento nos separaba, pero ambas sabíamos de la presencia de la otra. Ah, ¡qué magnífico descubrimiento! Soy tanto Madre como Hija. No necesito buscar en ningún otro lugar.

Aunque con frecuencia dirigí proyecciones parentales positivas y negativas hacia el Dr. A., él nunca adoptó una actitud parental hacia mí. Me trataba como su igual. La única autoridad que ejercía consistía en exigirme que hiciera y respetara el compromiso de no dañarme a mí misma ni a nadie más. Esto es lo que me llevó a encontrar a la madre dentro de mí.

Arcángel Gabriel

Desde mi infancia, he tenido experiencias de lo invisible. Un ángel, a quien más adelante conocí como Gabriel, apareció varias veces en mi vida y me brindó ayuda y orientación cuando atravesaba las experiencias que más amenazaron mi vida y estrujaron mi alma. Creo que no habría sobrevivido mi infancia sin este Ser celestial llamado Gabriel.

Independientemente de sus creencia personales, el Dr. A. siempre respetó mis relatos sobre mis experiencias con Seres invisibles. Me animó a confiar en mi propia experiencia y explorar el significado y los mensajes provenientes de mis sueños y visiones. Esta tranquila reafirmación me resultó útil mientras los analizaba a través de los años, e iba descubriendo y reivindicando mi propia relación con el mundo visible y el invisible.

Niño(a) Triunfante

Lo que surgió del interior conforme avanzaba el proceso de sanación fueron la Madre e Hijo(a) Triunfantes. En realidad yo soy ambos. Aquí, la mente lastimada del niño o la niña aún está cubierta con vendajes, pero él o ella tiene fuerza, poder y vida. La madre está orgullosa, es silenciosa, maternal y sabia.

Aquí está el Oro que surge del fuego alquímico de la terapia. Este es el comienzo de un autoconocimiento y un autodominio profundos. Este es el momento en el que obtuve la autoestima y la autosuficiencia inquebrantables que busca toda terapia.

El Observador

"Aunque el Señor os dará pan de congoja y agua de angustia, con todo, tus maestros nunca más te serán quitados, sino que tus ojos verán a tus maestros".

~ Isaías 30:20

Este es el momento en el que mis ojos comenzaron a ver al Maestro que estaba presente durante todo este viaje terapéutico. Un Maestro residía en la sabiduría y la experiencia del Dr. A. Un Maestro vivía en el esfuerzo de transformación de mi propio corazón. Este es el momento en el que me di cuenta de que toda la vida, Dios y mi propio ser son el Maestro y el Alumno, el Observador y el Observado.

Autorretrato de un alma

"No le pidas a Dios tareas a la medida de tus fuerzas. Pídele fuerzas a la medida de tus tareas. Así, hacer el trabajo no será un milagro, tú serás el milagro".

~ Phillips Brooks

Elegí la cita de Phillips Brooks para acompañar esta obra porque todo el proceso de esta labor de sanación requirió mucho más de lo que yo creía que era capaz. La tarea de sanar fue monumental. Necesité una fuerza monumental para realizar este trabajo interior. Ciertamente, me había convertido en el milagro que había estado pidiendo, a través de la gracia de Dios, un esfuerzo de gran valentía minuto a minuto y el apoyo de mi Testigo, el Dr. A.

Con el paso del tiempo, me di cuenta de que este era realmente un autorretrato de mi alma. Se convirtió en la imagen que decidí usar como mi logotipo y mi pintura distintiva.

Acerca de la autora

Veronica C. Wanchena (Gabriel Orion Marie) es una autora, artista y conferencista en el campo de la recuperación de traumas. Después de haber sobrevivido años de abuso grave y sus consecuencias debilitantes, ahora se coloca con alegría como un faro de luz para dar testimonio de la capacidad de sanación del alma humana.

Veronica usó el arte como la principal herramienta de comunicación con su terapeuta, el Dr. A; así que relata buena parte de su historia mediante las imágenes que creó. La magnitud del exhaustivo proceso de sanación que necesitó requirió niveles asombrosos de valor en cada paso del camino. En sus libros, pinturas y presentaciones ofrece una elocuente, vívida y profunda introspectiva de sus estrategias de supervivencia y su proceso de sanación

www.ingramcontent.com/pod-product-compliance
Lightning Source LLC
Chambersburg PA
CBHW041601070526
44586CB00003BA/46